LA LARGA COLA

La unión hace la fuerza

Por Ariane de Saeger
En colaboración con Anne-Christine Cadiat
Traducido por Marina Martín Serra

Economía y empresa en50MINUTOS.es

LAS CLAVES PARA EL ÉXITO

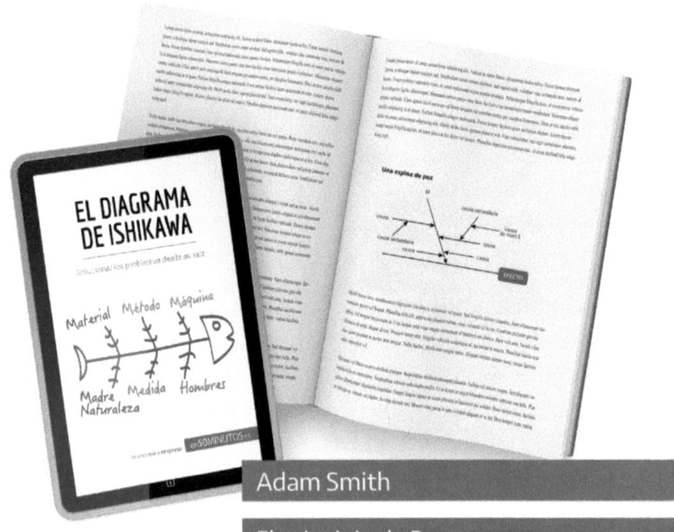

- Adam Smith
- El principio de Pareto
- El estrés laboral
- La pirámide de Maslow

LA LARGA COLA

- **¿Denominaciones?** Larga estela, larga cola o su nombre original en inglés: *Long Tail*.
- **¿Utilidad?** Esta noción designa al conjunto de productos ofrecidos por una empresa de los que se venden pocos ejemplares, pero la suma de cuyas ventas puede superar las ganancias de los productos más vendidos. Esto equivale a decir que los artículos más populares y los más vendidos solamente constituyen una parte minoritaria del volumen de negocios, con el efecto de masa que juega a favor de los artículos más marginales.
- **¿Por qué es eficaz?** Tener en cuenta una estrategia semejante permite beneficiarse de ventas constantes en toda la cartera de productos de una empresa.
- **¿Palabras clave?**
  - *Blockbuster:* producto estrella, al que normalmente se asigna un presupuesto publicitario elevado, que obtiene ganancias récord.
  - Volumen de negocios: valor acumulado y contabilizado —generalmente en un periodo de un año— de las ventas de bienes y servicios que realiza una empresa.
  - Coste de oportunidad: indicación sobre la pérdida que se hace invirtiendo sus recursos para un uso más que para otro.
  - E-comercio: comercio en línea (a través de Internet).
  - Provecho: ganancia obtenida en una acción. Por ejemplo, una venta es una acción que puede generar un provecho o una pérdida.
  - Rentable: que genera un beneficio, provecho.

- Estadísticas: conjunto de datos relativos a un grupo de individuos o de unidades, que permite observar tendencias.

El concepto de larga cola lo adopta en 2004 Chris Anderson (redactor jefe de la revista *Wired*, nacido en 1961) y se desprende de un ensayo de Clay Shirky (especialista en nuevas tecnologías de la información y de la comunicación, nacido en 1964) que constata que pocos blogs tienen un número importante de enlaces web que redirijan hacia ellos, mientras que la mayoría de estos blogs —millones— solamente cuentan con un número muy bajo de enlaces que redirijan hacia ellos.

Chris Anderson parte de esta reflexión para intentar explicar los modelos económicos actuales y futuros (en el marco de la economía digital). Describe de qué manera, según él, los productos que tienen poca demanda pueden generar, en conjunto, un importante volumen de negocios.

Es más, la aparición y el uso en aumento de las tecnologías y de lo digital hacen posible el modelo económico de la larga cola: los empresarios se benefician de un coste de almacenamiento muy bajo, incluso a veces nulo o «virtual», cuando comercializan productos digitales (libros digitales, películas en línea, música, etc.), y así pueden distribuir un amplio catálogo en línea, lo que diversifica la oferta y satisface a las personas que prefieren los bienes marginales.

DEFINICIÓN DEL MODELO

La larga cola es un concepto económico y estadístico que

permite ilustrar el reparto del volumen de negocios de una empresa sobre el conjunto de sus productos, incluyendo los productos más populares —los «*blockbusters*»— pero también los más particulares y marginales. Se trata, pues, de una herramienta de elaboración de estrategias comerciales y marketing.

El modelo está formado por dos elementos:

- la «cabeza», caracterizada por un número limitado de productos populares o muy demandados, cada uno de los cuales registra una alta tasa de ventas;
- la «cola», caracterizada por un gran número de productos particulares o poco demandados, cada uno de los cuales genera una baja tasa de ventas.

TEORÍA Y PRESENTACIÓN DEL CONCEPTO

El modelo de la larga cola fue popularizado por Chris Anderson después de su análisis de varios sitios de e-comercio como Amazon (principalmente en el caso de los libros), Rhapsody (descargas de música en línea), eBay (objetos de segunda mano) o Netflix (películas en *streaming*). Este fin analítico señaló efectivamente, en los casos estudiados, que las ventas de los artículos más populares solamente representaban una parte del volumen de negocios global; dicho de otra manera, la rentabilidad de las ventas no dependía únicamente de los artículos estrella. Para evidenciar este fenómeno, escribe su *best seller* llamado *The Long Tail*.

Desde el principio, el nuevo concepto cuestiona muchas estrategias comerciales y modelos económicos, ya que el autor afirma que a veces es más rentable no vender únicamente *blockbusters*; ¡de forma justificada!

COMPONENTES

La larga cola: la «cabeza» y la «cola»

Concepto a la vez estadístico y estratégico, a menudo se representa en forma de una gráfica que expone en el eje de abscisas (X) los productos vendidos y en el de ordenadas (Y) el número de ventas.

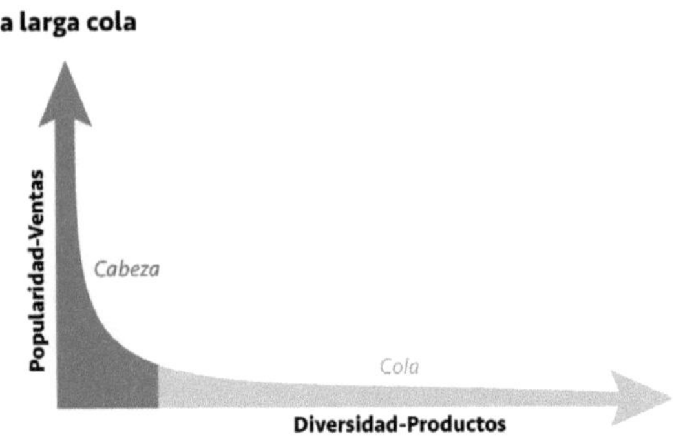

La parte azul —la «cabeza» de la larga cola— revela que solamente algunos artículos tienen un volumen de ventas récord, mientras que la parte amarilla —la «cola»— ilustra que la mayor parte de los productos se venden muy poco.

La regla del 80/20 y la larga cola

La teoría de la larga cola cuestiona la regla del 80/20 —llamada también ley de Pareto—, que afirma que el 80% del volumen de negocios procede de la venta del 20% de las mercancías: Chris Anderson demuestra que la regla del 80/20 solamente se aplicaría en los mercados nicho que no están enteramente explotados.

Hoy en día, gracias a las NTIC (nuevas tecnologías de la información y la comunicación), podemos disminuir la escala de producción, diferenciar las mercancías y utilizar las nuevas tecnologías informáticas para beneficiarnos de costes de almacenamiento ventajosos. Además, gracias a los motores de búsqueda, se facilita la elección del consumidor y la gama de productos que se le ofrecen le permite dirigirse hacia donde prefiere. Todos estos productos que tienen poca demanda en un mercado no digital se vuelven, a escala de Internet —y por consiguiente mundial— productos para los que existen muchos clientes. Entonces podrían ser tan beneficiosos para el volumen de negocios como los productos populares, incluso invertir la tendencia 80/20.

Antes de poder desmentir radicalmente una tesis como la de Pareto hay que poder demostrar que todas las reglas inherentes a esta teoría dejan de aplicarse cuando el contexto cambia. Según Anderson, cuando se eliminan todas las restricciones de la oferta y la demanda y el consumidor tiene acceso a todos los productos, la larga cola se dibuja de forma natural.

Sin embargo, la realidad resulta más compleja: no es el mercado quien ignora la cola atractiva, sino el mercado objetivo que no le permite beneficiarse de ella. Es el caso de los productos para los que hay una baja demanda y para los que es difícil optimizar los costes (de logística, de comunicación, etc.). Así, solamente algunos mercados y algunos productos pueden desmentir la regla del 80/20: los digitales. Por consiguiente constatamos que los mercados IT son los que principalmente se benefician de esta realidad.

- Los productos a los que incumbe la larga cola son esencialmente los productos que pueden ser digitalizados, como los libros, la música, las películas, etc. Como se ha expuesto anteriormente, para algunas mercancías —alimentarias, por ejemplo— es difícil beneficiarse de las ventajas propias de los productos digitales.
- Así pues habrá que admitir que las empresas que se benefician de un modelo de negocios como el de la larga cola privilegian la diversificación y la digitalización de sus productos.

Los costes de producción, almacenamiento y distribución estadística

El fenómeno de la larga cola supone que los artículos digitales mejoran la rentabilidad, con la limitación de los costes. Hay muchos tipos de costes a los que un empresario tiene que hacer frente que se ven reducidos. Hablamos de la disminución de los importes de producción, de almacenamiento y de distribución.

- **Producción.** El modelo de negocios de las empresas digitales se basa en la explotación intensiva de los datos generados por los usuarios. El usuario se considera un productor de datos y las empresas digitales alcanzan tasas de rentabilidad muy altas. El tratamiento y el uso eficientes de estos datos se encuentran en el centro del futuro de lo digital. Hay muchos expertos que han determinado que el consumidor es un actor de la cadena de producción digital. Antes, las empresas podían producir en interno o en externo, subcontratando una parte del proceso de producción. Actualmente, aparece una nueva alternativa: la del trabajo gratis producido por el usuario. A menudo recurrimos a colaboradores voluntarios creadores de contenidos. Existe una tercera posibilidad: dejar que los usuarios se ayuden entre ellos sin la intervención de empleados, a través de una plataforma (foro). De esta manera, salvo por el tratamiento de datos, la economía digital se beneficia de una «coproducción» o de una «producción en común» con el usuario que permite una producción específica y una rentabilidad potencialmente elevada.

- En conclusión, la economía digital utiliza los datos de los usuarios, los explota, los transforma en necesidades concretas y propone un servicio o un producto que responde a estas. Hay que precisar que los datos personales de los usuarios y la escasa regulación legislativa de esta información pueden llevar a abusos.

- **¿Almacenamiento central o stock repartido?** El almacenamiento nunca es totalmente nulo, pero se puede reducir significativamente en la economía digital. Por ejemplo, Amazon ha creado un «ciberstock»: los productos se almacenan en las tiendas de sus socios mientras se ofrecen y se venden en línea. Gracias a esta estrategia, este gigante ha podido almacenar sus productos en millones de tiendas sin ningún coste. Otro ejemplo interesante es el del almacenamiento digital utilizado por ITunes que permite reducir los costes de almacén, embalaje, personal, gestión, etc.

- **Una distribución diversificada.** Para beneficiarse de la larga cola de manera eficaz hay que poder proponerle al consumidor una gama variada de canales a través de los que puede comprar; algunos prefieren comprar en línea, otros ir a la tienda. Cuanto más variados sean los canales de distribución, más satisfecho estará el consumidor y más ventas habrá.

Lo digital beneficia tanto al vendedor como al consumidor:

- los vendedores ya no deben pasar por intermediarios, como a menudo ocurre en la gran distribución. Su margen de beneficio es así más elevado;
- el individuo consume productos digitales en masa en distintos niveles (películas, música, contenidos, programas informáticos, etc.) y disfruta plenamente de los diversos canales de distribución y de la variedad de los productos desmaterializados y/o particulares;
- la oferta y la demanda confluyen en un contexto favorable semejante.

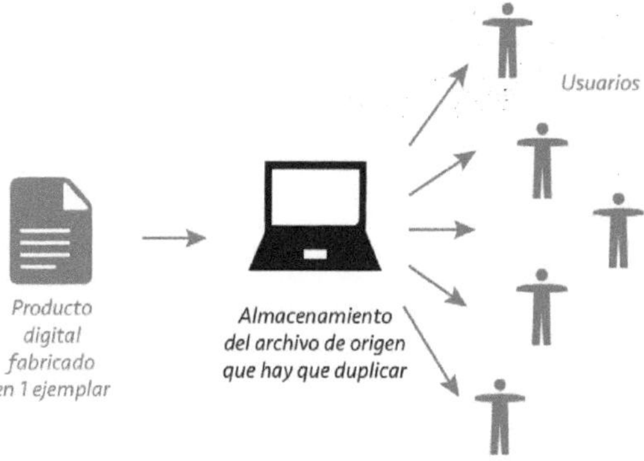

Consecuencias culturales y económicas

En vista del aumento creciente del uso de Internet, hay muchos que se interesan más específicamente por el impacto en la diversidad cultural y el sector del entretenimiento. Así, según Chris Anderson:

- si el coste de almacenamiento, que influye en parte en el coste de oportunidad, es muy elevado, la oferta de productos de una empresa, y más extensamente de un sector, es necesariamente limitada y solamente constituye una parte de la larga cola (la cabeza): lejos de satisfacer las aspiraciones del conjunto de los consumidores, se imponen los *blockbusters* y dejan poco lugar a la diversidad;
- por el contrario, cuando el coste de almacenamiento es bajo, las empresas pueden explotar la cola y satisfacer tanto a los que les gustan los productos populares como

a los que tienen gustos minoritarios y/o marginales.

Hay muchos ejemplos que permiten visualizar este desafío económico y cultural:

- la industria del libro;
- los programas de televisión;
- el sector de la música;
- etc.

Así, cuando el coste de almacenamiento es relativamente bajo, las cadenas de televisión, la industria del libro, la de la música, etc. pueden proponer una gama mucho más amplia a los consumidores y obtener, por consiguiente, una mayor rentabilidad.

Y es seguro concluir que Internet favorecería al mercado de los productos culturales y que la era del *mainstream* (expresión del inglés que significa «aceptado por la mayoría, sin originalidad») se habría acabado, ya que las restricciones físicas que impone el coste de almacenamiento tenderían actualmente, con la digitalización, a desaparecer.

La estrategia de la referenciación y la larga cola

La larga cola permite ilustrar de forma particularmente gráfica la referenciación (SEO, *Search Engine Optimization*), y a la inversa se vuelve a menudo posible, en el marco de la venta en línea de un catálogo de productos, gracias a las estrategias de referenciación optimizadas.

¿QUÉ ES LA REFERENCIACIÓN?

La referenciación consiste en nombrar a algo para hacer referencia a ello. Hablamos de referenciación en dos contextos diferentes:

- en la gran distribución. Los productos son referenciados para facilitar su identificación y la gestión del stock (abastecimiento, clasificación y salidas). Estos números de referencia se encuentran sobre todo en los catálogos y en los estantes y permiten mantener actualizado el inventario, normalmente a través de un sistema informatizado. Además, la referenciación en la gran distribución permite igualmente ofrecer un contenido más armonizado y poder pasarse más fácilmente a la venta en línea cuando todavía no es el caso.
- en Internet (SEO). Una referenciación óptima tiene como objetivo mejorar la visibilidad y el posicionamiento de algunas páginas web en la red. Este trabajo, que requiere una atención constante, se basa en el espectro de palabras clave (*keywords*) que los internautas pueden codificar de forma potencial en un motor de búsqueda (Google, Yahoo, etc.) para encontrar lo que buscan.

Cuando aplicamos el concepto de la larga cola a la política de referenciación en la web, esto equivale a recopilar todas las palabras claves susceptibles de llevar a una información o a una temática en particular, es decir, los términos evidentes y populares, y sus sinónimos menos populares, menos competitivos o más marginales. Individualmente, estas últimas palabras clave generan poco tráfico, aunque su suma genere más que los términos con más rendimiento.

A partir de ese momento es primordial tener en cuenta estas observaciones cuando elaboramos una estrategia para posicionarnos en motores de búsqueda. Cuando se hace un seguimiento de los productos que se desea destacar, y así de las palabras clave que hay que incluir, hay que enfrentarse a distintas realidades.

- **Facilidad en posicionarse correctamente en las búsquedas marginales.** Por un lado, posicionarse en las búsquedas marginales generalmente es sencillo y rápido, ya que el internauta que busca algo específico será correctamente redirigido hacia las páginas que son susceptibles de poder responder a su demanda. Esto alimentará eficazmente a la cola de la larga cola.
- **Dificultad en posicionarse correctamente en las búsquedas competitivas.** Por otro lado, posicionarse correctamente en las búsquedas competitivas resulta difícil, largo y caro, ya que este tipo de búsqueda es poco específica y puede atraer a todo tipo de internautas dubitativos, impidiendo que se pueda proponer un producto adaptado y que el posicionamiento sea el adecuado (gracias a una calidad de servicio personalizado). Entonces existen muchas posibilidades para el que busca algo en particular de abandonar rápidamente la página web ya que no encuentra lo que busca. No obstante, esta estrategia le permitirá posicionar mejor sus *blockbusters*, la cabeza de la cola.

APLICACIÓN DEL CONCEPTO

Regla n.º 1 – Un catálogo de productos digitales reforzado

Para poder satisfacer las necesidades más marginales y llegar a un máximo de consumidores, idealmente hay que poder proponer un catálogo diversificado en productos digitales.

Regla n.º 2 – Producción, almacenamiento y distribución digital

- **La producción en común** consiste en dejar hacer una parte del trabajo a los clientes. La explotación eficaz de los datos que el usuario pone a disposición es central en el desafío de la economía digital.
- No deben fabricarse tantos ejemplares digitales del producto que cuando se **distribuye** físicamente, lo que representa una ventaja que el empresario debe tener en cuenta.
- El **almacenamiento** digital reduce la mayor parte de los costes a los que tiene que hacer frente un empresario si se encontrara en una situación de distribución material.

Regla n.º 3 – Productos visibles y accesibles

En el momento actual, el uso de Internet se generaliza en un contexto tanto privado como profesional y los internautas cada vez están más acostumbrados a los motores de búsqueda. Esto implica que seleccionen metódicamente sus palabras clave para encontrar la información que buscan.

- **Importancia de las palabras clave**. Es importante elegir las palabras clave de forma prudente y sospesada, las que van a alimentar a la cabeza de la cola pero también las secundarias que van a alimentar a la cola. El proceso es largo, pero eficaz y rentable.

La larga cola SEO

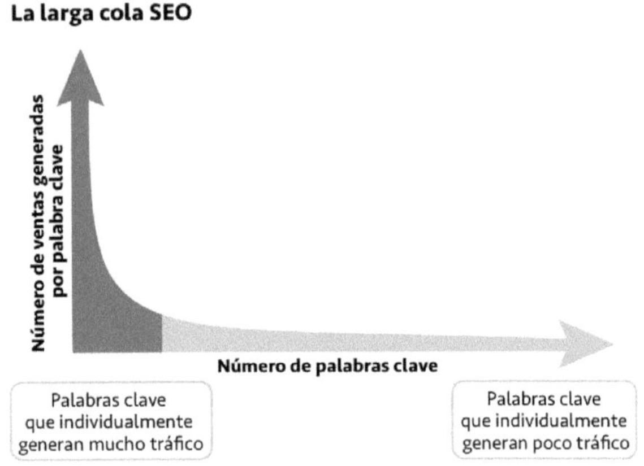

- **Importancia del contenido**. No solamente el número de palabras clave secundarias tendrá un impacto en el tráfico en su página web, sino que también (y sobre todo) el contenido. Las palabras clave específicas sin ninguna información concreta solamente generarán un tráfico limitado en las páginas de su web.
- **Tener en cuenta los costes escondidos**: hay que ser

prudente, ya que la era digital comporta costes a veces invisibles. Según un estudio europeo, llevado a cabo por Sungard (proveedor mundial de soluciones IT) en Francia en 150 profesionales, los costes de mantenimiento, de licencias, de programas informáticos y de imprevistos alcanzarían de media los 597 700 euros al año.

Así, es indispensable establecer cuidadosamente un abanico de búsquedas léxicas y presentar un contenido textual de calidad para todo aquél que desee ir en busca de sus clientes.

Consejos y recomendaciones

Para aplicar un sistema de larga cola rentable, hay que lograr posicionarse en muchas pequeñas búsquedas determinadas. De esta forma, el tráfico hacia su web aumentará. Así pues, hay que seguir algunos pequeños consejos:

- piense y reúna expresiones de búsqueda consecuentes para intentar responder a todas las futuras demandas de los internautas;
- una vez se hayan encontrado las expresiones, inclúyalas en el contenido textual de su futura web;
- el contenido textual tiene que ser de calidad. No sirve de nada introducir contenido por introducir contenido en su web: tiene que proponer información interesante al internauta, sin la que abandonaría de inmediato el sitio;
- elija un título que atraiga al lector y le motive a visitar su web;

- respete una jerarquía para sus títulos y párrafos;
- coloque un número suficiente de palabras clave en sus textos;
- seleccione con prudencia los vínculos que apunten a otras web y dé preferencia a los vínculos de calidad para no dañar la imagen de su propia web;
- obtenga una «autoridad» (en función del número de internautas que visiten su sitio) como redactor de contenido ante Google.

PEQUEÑOS PLUSES

- las palabras clave genéricas (palabra con un sentido bastante general que engloba una serie de palabras más específicas) son competitivas y cuentan con alrededor de dos palabras. Por ejemplo, una persona que busca un sitio de sinónimos va a codificar «sinónimo + palabra que él o ella busca». Tras esta búsqueda solamente aparecerán los sitios más utilizados;
- por el contrario, las palabras clave secundarias son menos populares, pero más específicas. Se trata por ejemplo de una expresión (de tres a cinco palabras, incluso más) que refleja una búsqueda más enfocada por parte del usuario, que busca un contenido preciso.

ESTUDIO DE CASO — LIBRERÍA EN LÍNEA

Contexto

Un librero «Y» decide que, en vista de la competencia del mercado de los libros y de los costes a los que se enfrenta en términos de almacenamiento y de producción, le resultaría más rentable crear un sitio de venta de libros digitales en línea. Consciente de la competencia que ya hay en la red, se esforzará en dar visibilidad a su sitio, mediante una estrategia de referenciación óptima. Esta consiste en intentar definir las palabras clave que quiere asociar a su sitio. Dicho de otra forma, tiene que definir las palabras clave que el internauta es susceptible de introducir en un motor de búsqueda y que lo llevarán —tan directamente como sea posible— al sitio de libros de Y.

Presentar una oferta diversificada

Para hacer frente a la creciente competencia de la venta de libros en línea (Amazon, Fnac, Numilog, etc.), nuestra librería no tiene más posibilidades que diversificar o llegar a un público muy particular. Decide entonces proponer cómics digitales, tanto los *best sellers* como los cómics más específicos, en su sitio de venta en línea.

Minimizar los costes fijos

Ofreciendo el cómic en línea, Y ahorrará a nivel de sus costes fijos (almacenamiento, producción y distribución —conceptos desarrollados en la parte teórica). Sin embargo, deberá hacer frente a los costes escondidos que implica la venta en línea:

- coste de conversión o de digitalización de los archivos;
- coste de almacenamiento digital;
- costes de protección del sitio;
- costes jurídicos vinculados a la adaptación de los contratos de edición.

Luego aparecerán también otros costes, como el mantenimiento del sitio web, de actualización, etc.

Volverse visible

El librero elegirá con prudencia sus palabras clave teniendo en cuenta el hecho de que los más generales (del tipo «libros» o «venta», palabras clave que nos gustaría ver como *«best sellers»*) son susceptibles de perderse entre el flujo de información. Estas palabras clave genéricas solamente representan aproximadamente un 20% del tráfico total generado por el tráfico del motor de búsqueda. No obstante, si se seleccionan de manera un poco más específica (correctamente en relación con su actividad), representarán directamente más del 20%. Para diferenciarse de las grandes empresas que venden libros *online*, tendrá que elegir palabras claves adecuadas a su contenido y ponerse en la piel de los internautas que buscan una información precisa.

Más allá de la elección de las palabras clave, también será necesario que optimice el contenido textual de su sitio para hacer que se vuelva atractivo, interesante, pertinente y detallado. De la misma forma, alimentará a la cola de la larga cola (del sector). Elegirá por ejemplo una página de inicio con un contenido textual específico para poder corresponder al máximo a la búsqueda específica de los usuarios. Cabe señalar que algunas partes de este contenido no las imaginarán en un principio las personas que utilizan palabras clave, y que esto solamente generará un tráfico «estéril». Por el contrario, hay muchas probabilidades de que algunas palabras que no hayan sido pensadas como palabras clave durante la reflexión del librero se vuelvan clave más tarde.

Así pues, el librero tendrá que pasar por varias etapas antes de ofrecer un producto digital:

1. Estructurar la información de manera visible y coherente para atraer la atención del visitante.
2. Seleccionar las palabras clave sobre las que sería sensato posicionarse (sinónimos, expresiones, etc.). Incluso podrá elegir hacer un estudio de prospección entrenándose con los motores de búsqueda para ver cuál es la competencia en el mercado del cómic.
3. Crear un contenido textual de calidad en el que las palabras clave y expresiones seleccionadas aparezcan.

Paralelamente, el producto ofrecido a los visitantes tiene que estar lo suficientemente diversificado para poder llegar a un público variado.

REPERCUSIONES

LÍMITES Y CRÍTICAS DEL MODELO

Aunque el análisis del sector cultural trazado por Chris Anderson es bienvenido e integrado por aquellos que perciben, como él, una salida saludable y seductora para el sector cultural principalmente, la realidad de los hechos y de los diversos análisis lo contradicen o por lo menos relativizan su validez y las consecuencias en términos de estructura de mercado.

Incluso con Internet, la cola no genera muchas más ventas que antes

Will Page, director de Spotify, analizó las ventas de música en línea. Constató que de 13 millones de títulos disponibles, 10 millones no generan ningún tipo de venta; que el 8% de las ventas se concentran en 40 títulos y que el 3% del total de los títulos vendidos producen el 80% del volumen de negocios. Según él y en vista de su análisis, la economía de los *blockbusters* todavía no ha llegado a su fin.

Las ganancias de los *blockbusters* siguen siendo superiores a las de la «cola» de la larga cola

Pierre-Jean Benghozi y Françoise Benhamou, economistas franceses, se interesaron también por esta cuestión. Estos últimos analizaron las ventas de CD y DVD en línea. Este estudio muestra que aparece un efecto de larga cola, pero tan débil que no parece capaz de hacer tambalear la estructura de mercado conocida por todos: menos del 10%

de los productos musicales representan más del 90% de las ventas con los diez títulos más comercializados capaces de aumentar su cuota en las ganancias totales.

Pero la principal crítica es la que hace Anita Elberse (profesora de economía en Harvard, nacida en 1973) quien pudo demostrar lo contrario, tras diez años de investigación y de análisis de los mercados culturales y de entretenimiento. Según ella, Internet no ha revolucionado la relación que existe entre los individuos y la diversidad cultural; avanza, por el contrario, que los *blockbusters* son los que ahora más que nunca determinan las leyes en este mercado. Así pues, es la cabeza y no la cola de la larga cola lo que mantendría el poder en la era de Internet. En su obra *Blockbuster* (2013), la doctora Elberse ilustra así su opinión sobre la industria del cine, mientras explica entre otras cosas que si las inversiones financieras a favor de los *blockbusters* son tan importantes en este sector (y por consiguiente arriesgadas), justamente es para protegerse de los riesgos inherentes a un mercado tan incierto. ¿Piensa que es difícil de creer?

EL CASO DEL MERCADO DEL CINE

Una película cuesta 10 millones de euros y otra 100 millones de euros. El precio que pagará el consumidor será exactamente el mismo, cueste lo que cueste la producción del largometraje: no pagará más —o menos— cara la sesión de cine o su DVD. Así, por lógica, la película cuya producción ha costado menos (10 millones) es la que debería aportar más ganancias: además, el estudio de producción podrá permitirse la producción de 10 películas en vez de una sola de 100 millones. ¿Cómo se puede imaginar que esta situación se invierta en provecho de los *blockbusters*?

Anita Elberse refuerza esta idea desarrollando el caso de Warner Bross, que produce casi únicamente *blockbusters* (*Harry Potter*, *Sherlock Holmes*, etc.) y para quien «no arriesgarse» es un riesgo. Basando su estrategia en las grandes producciones, se ha convertido en el primer estudio de cine que ha superado los mil millones de USD en las taquillas americanas durante once años consecutivos.

Para presentar la estrategia inversa, la experta se interesa por el caso de la red NBC Universal, que llevaban en esa época Jeff Zucker (nacido en 1965) y Ben Silvermann (nacido en 1970). Con el deseo de maximizar los beneficios a través de una estrategia de reducción de los costes y los riesgos, el fracaso de su empresa se hizo notar rápidamente. La NBC se puso contra sus límites al alejarse de las grandes producciones con actores o productores del mundo del cine a precios colosales mientras quería asegurar las ganancias a la cadena. Esta falta de ambición y de financiación así como de asumir riesgos provocaron el desinterés de los profesionales del ámbito y el retroceso de su rango, bajando de la primera a la cuarta posición.

A continuación, la autora extiende su reflexión a otros ámbitos e intenta demostrar que el fenómeno se repite. Para ella, no hay dudas: los *blockbusters* son los que generan beneficios y aseguran la mayoría de la rentabilidad financiera de las ventas. Hoy, incluso las empresas adeptas a la estrategia de la larga cola empiezan a ceder a la lógica imparable de los *blockbusters*; es el caso de Netflix o de Amazon. Delante del impresionante volumen de negocios de sus competidores que han adoptado esta estrategia, muchos reorientan su análisis.

EXTENSIONES Y MODELOS CONEXOS

Esta sección retoma tres modelos conexos al concepto de la larga cola. Después de haberla mencionado varias veces a través del modelo de la larga cola, desarrollamos aquí la ley de Pareto, así como el modelo ABC, que es una respuesta posible a esta.

No hay que decir que el conjunto de los modelos de distribución no se reduce a estos tres modelos y que existen otros métodos.

La ley de Pareto

El modelo conexo más conocido es la ley de Pareto, llamada también «principio de Pareto», o «regla del 80/20». Igual que el concepto de la larga cola, la ley de Pareto se utiliza como una herramienta de elaboración de estrategias comerciales y de marketing, pero también como una herramienta estadística. En este contexto, nos interesamos por el primer uso.

Así, según el principio de Pareto, «el 80% de los efectos son la consecuencia del 20% de las causas», lo que se puede traducir al lenguaje comercial por «el 20% de los productos generan el 80% de las ventas» o «el 20% de los clientes generan el 80% del volumen de negocios». A pesar de su carácter universal, esta ley no se ha podido demostrar científicamente en todos los ámbitos. Además de esta preocupación de exactitud, la regla del 80/20 se tiene que adaptar en función del sector y del departamento de la empresa que le da crédito.

Por otra parte, este principio implica un problema de eficacia. Si el 80% de los productos —los menos vendidos— generan un cierto volumen de negocios, supongamos que un 20%, este podría aumentar si el coste de oportunidad disminuyera sensiblemente. Es lo que Chris Anderson expone en su teoría de la larga cola.

El modelo ABC

El modelo ABC aporta un punto de vista suplementario. Supone que el principio de Pareto no tiene en cuenta a las capas intermediarias, y que es difícil juzgar la importancia de estas.

El modelo ABC clasifica a los efectos en tres categorías. De esta forma, se tiene en consideración incluso a las capas menos rentables.

- Categoría A: el 20% de los clientes genera el 80% del volumen de negocios.
- Categoría B: el 30% de los clientes conlleva el 15% del volumen de negocios.

- Categoría C: el 50% de los clientes comporta el 5% del volumen de negocios.

Estrategia del *blockbuster*

Aquí se trata del caso expuesto por Anita Elberse según el que los *blockbusters* aportarían la mayor parte del volumen de negocios del mercado cultural y del del entretenimiento.

CONCLUSIÓN

El modelo de Chris Anderson se presenta como complementario a la ley de Pareto y al modelo ABC. Si se aplica al mercado específico de lo digital, la larga cola desarrolla una teoría paralela a estos dos modelos, sin excluirlos.

Por el contrario, la teoría de la profesora Elberse critica el modelo de la larga cola hasta el punto de cuestionar su pertenencia.

EN RESUMEN

- La larga cola es un modelo estadístico y económico que Chris Anderson adoptó y destacó en 2004 en el contexto del sector digital.
- Este modelo es posible gracias a la evolución de las tecnologías y se puede aplicar en el marco de la venta de productos o de servicios digitales, ya que los costes de producción, almacenamiento y distribución son bajos o a veces inexistentes.
- Completa al principio de Pareto y supone que, en este sector particular, los artículos más populares no son necesariamente aquellos que aportan el mayor volumen de negocios.
- Según Chris Anderson, explotar la «cola» de la larga cola ofrece una posibilidad de rentabilidad a largo plazo.
- La doctora Anita Elberse desmiente el modelo de Chris Anderson. Tras diez años de investigación, afirma que incluso en la era de Internet, los *blockbusters* determinan las leyes del mercado cultural y del del entretenimiento.
- Existen otros modelos que representan a otros sistemas de distribución diferentes del de la larga cola: la ley de Pareto y el modelo ABC, especialmente.
- El modelo de la larga cola se puede aplicar en el marco de una estrategia de referenciación en Internet. Consejo: posicionarse en los mercados menos competitivos y más específicos, ya que esto permite beneficiarse de los efectos positivos de la larga cola SEO.

¡Tu opinión nos interesa!
¡Deja un comentario en la página web de tu librería en línea,
y comparte tus favoritos en las redes sociales!

PARA IR MÁS ALLÁ

FUENTES BIBLIOGRÁFICAS

- Anderson, Chris. 2012. *La Longue Traîne. Quand vendre moins, c'est vendre plus*. París: Flammarion, colección *Champs Essais*.
- Anónimo, 2013. "5 conseils pour rédiger des textes optimisés pour Google". *Jimdo*. Consultado el 21 de abril de 2015. http://fr.jimdo.com/2013/12/27/5-conseils-pour-r%C3%A9diger-des-textes-optimis%C3%A9s-pour-google/
- Anónimo, "Définition coût d'opportunité". *Trader Finance*. Consultado el 21 de abril de 2015. http://www.trader-finance.fr/lexique-finance/definition-lettre-C/Cout-d-opportunite.html
- Anónimo, "Qu'est-ce que la longue traîne (ou long tail)". *Wiféo*. Consultado el 21 de abril de 2015. http://www.wifeo.com/documentation-77.html
- Anónimo, 2008. "Référencement – Longue traîne". *Infowebmaster*. Consultado el 21 de abril de 2015. http://www.infowebmaster.fr/40,news-referencement-longue-traine.html
- Andrieu, Olivier. 2008. "Pourquoi la notion de 'Longue Traîne' est-elle nécessaire dans une stratégie de référencement". *Abondance*. Consultado el 21 de abril de 2015. http://docs.abondance.com/question123.html
- Avenier, Michel. 2014. "La longue traîne une stratégie de référencement". *Le guide web*. Consultado el 21 de abril de 2015. http://www.abime-concept.com/blog/2014/03/27/

la-longue-traine-une-strategie-du-referencement/

- Benghozi, Pierre-Jean y Françoise Benhamou. 2008. "Longue traîne: levier numérique de la diversité culturelle". *Culture prospective*. Consultado el 21 de abril de 2015. http://www2.culture.gouv.fr/deps/fr/traine.pdf
- Bloquet-Prevost, Charlotte y Miléna Manneval. 2014. "Exploitation des données fournies par les utilisateurs: l'enjeu de l'économie numérique". *Revue Sorbonne*. Marzo. Consultado el 21 de abril de 2015. http://www.univ-paris1.fr/fileadmin/diplome_M2OFIS/OFIS_2013-2014/Articles/article_Revue_OFIS_mars_2014_Bloquet-Prevost_Manneval.pdf
- Cassini, Sandrine. 2015. "Les coûts cachés du cloud". *Les Échos*. Abril. Consultado el 21 de abril de 2015. http://www.lesechos.fr/journal20150331/lec2_high_tech_et_medias/0204266382278-les-couts-caches-du-cloud-1106920.ph
- Delers, Antoine. 2016. *El principio de Pareto. Traducido por Marina Martín Serra*. Bruselas: Plurilingua Publishing, colección *50Minutos.es*.
- Lacomblet, David. 2014. "Internet. La longue traîne n'a-t-elle pas toujours été qu'une utopie?". *Slate Reader*. Marzo. Consultado el 21 de abril de 2015. http://www.slate.fr/tribune/84585/longue-traine-blockbusters
- Le Cam, Nicolas. 2013. "La longue traîne, l'atout de votre SEO". *LunaWeb*. Junio. Consultado el 21 de abril de 2015. http://blog.lunaweb.fr/seo-longue-traine/

FUENTES COMPLEMENTARIAS

- Afuah, Allan. 2014. *Business Model Innovation: Concept,*

analysis and cases. Nueva York: Routledge.

- Elberse, Anita. 2013. *Blockbusters*. Nueva York: Henry Holt books.
- Blog de Chris Anderson. Consultado el 21 de abril de 2015. http://www.longtail.com/

¡APRENDER NUNCA ANTES FUE TAN RÁPIDO!

www.en50minutos.es

www.en50Minutos.es

ISBN ebook: 9782806274809

ISBN papel: 9782806285669

Depósito legal: D/2016/12603/502

Libro realizado por Primento, *el socio digital de los editores*